BEI GRIN MACHT SICH IHR WISSEN BEZAHLT

Management von Sportvereinen. Rechtsformen im Sport, Kunden einer Sportorganisation, Wandel von Managementherausforderungen

Julian Kornelli

Bibliografische Information der Deutschen Nationalbibliothek:

Die Deutsche Nationalbibliothek verzeichnet diese Publikation in der Deutschen Nationalbibliografie; detaillierte bibliografische Daten sind im Internet über http://dnb.d-nb.de abrufbar.

ISBN: 9783346338655
Dieses Buch ist auch als E-Book erhältlich.

Druck und Bindung: Books on Demand GmbH, Norderstedt Germany
Gedruckt auf säurefreiem Papier aus verantwortungsvollen Quellen

Das vorliegende Werk wurde sorgfältig erarbeitet. Dennoch übernehmen Autoren und Verlag für die Richtigkeit von Angaben, Hinweisen, Links und Ratschlägen sowie eventuelle Druckfehler keine Haftung.

Das Buch bei GRIN: https://www.grin.com/document/982766

Einsendeaufgabe

Management von Sportvereinen

Alternative C

Modulverantwortlicher Hochschullehrer:

SRH Fernhochschule Riedlingen

Modul: Management von Sportvereinen

Studiengang: Betriebswirtschaft und Management

Von: Julian Kornelli

12.05.2020

Inhaltsverzeichnis

Abkürzungsverzeichnis

AG	Aktiengesellschaft
Bspw.	beispielsweise
Bzw.	beziehungsweise
ECT	EC Bad Tölz
e.V.	eingetragene Vereine
etc.	et cetera
FCB	FC Bayern München
GmbH & Co. KG	Gesellschaft mit beschränkter Haftung & Compagnie Kommanditgesellschaft
GmbH & Co. KGaA	Kommanditgesellschaft auf Aktien, deren Komplementär eine Gesellschaft mit beschränkter Haftung ist
KGaA	Kommanditgesellschaft auf Aktien
max.	maximalen
NPO	Nonprofit-Organisationen
o.g.	oben genannte
Sog.	Sogenannte
U20 DNL	Unter 20- Deutsche Nachwuchsliga
z.B.	zum Beispiel

Abbildungsverzeichnis

1 Aufgabe C1

1.1 Vereinsgründung

Um heutzutage einen Verein gründen zu können, muss man sogenannte „Pflichtvorschriften" beachten. Der rechtliche Rahmen für die eingetragenen Vereine befindet sich im BGB §§ 52-79.[1] Damit die Vereinsgründung tatsächlich umgesetzt werden kann, sind fünf Vorschriften notwendig und erforderlich:[2]

1. **Die Vereinssatzung muss nach dem BGB und der hierzu vorliegenden Rechtsprechung folgende Bestimmungen enthalten:** Vereinsname, Vereinssitz, den Zweck und die Zweckverwirklichung des Vereins, Form des Eintritts und Austritts der Mitglieder, Mitgliedsbeiträge und Beitragspflichten, Zusammensetzung sowie Bildung des Vorstands, Einberufung der Mitgliederversammlung sowie Beurkundungen der Versammlungsbeschlüsse. Die Satzung bezieht sich somit fast nur auf Formalien und nicht auf materielles Recht. Es wird gefordert, dass nur bestimmte Bereiche geregelt werden, nicht, wie sie zu regeln sind. Das Amtsgericht bzw. das Finanzamt kann den Satzungsentwurf auf Richtigkeit prüfen.[3]
2. **Die Existenz von Mitgliedern:** Es existiert kein „Ein-Mann-Verein". Es muss mindestens sieben Gründungsmitglieder geben, die zusammen einen Verein gründen wollen.
3. **Richtlinien und Ordnungen erstellen auf der Grundlage der Satzung:** U.a. Geschäftsordnung, Beitragsordnung und Finanzordnung müssen geregelt werden.
4. **Es findet eine Gründungsversammlung statt:** Sobald der Verein gegründet worden ist, werden bei der Gründerversammlung Vereinsgründer, künftige Mitglieder und Interessierte eingeladen. Die

---

[1] Vgl. Geckle (2000), S.19-20
[2] Vgl. Geckle (2000), S. 20-57
[3] Vgl. Pfeffer&Röcken (2016), S.13

6

Einladung ergeht an die jeweiligen Adressaten schriftlich per Post.[4] In der Versammlung werden die Tagesordnung und der Satzungsentwurf verfasst sowie Erstmaßnahmen besprochen. Es wird empfohlen, in die Tagesordnung die Beschlussfassung über Vereinsgründung und Vereinsatzung, sowie die Wahlen der Vereinsämter, aufzunehmen. Des Weiteren ist es ratsam, eine Teilnehmerliste bereitzuhalten, in die sich die Anwesenden eintragen können und an diese Kopien der Tagesordnung zu verteilen. In der Versammlung werden ein Leiter und ein Protokollant bestimmt, der alles schriftlich erfasst. Abschließend muss die Gründungssatzung von mindestens sieben Mitgliedern unterschrieben werden.

5. **Den Verein beim Vereinsregister anmelden:** Damit schlussendlich alles rechtlich korrekt verläuft, muss der Verein beim Amtsgericht die Eintragung ins Vereinsregister veranlassen. Für die Durchführung werden das Anmeldeschreiben der Satzung, die Unterschriften im Original, die Kopie der Satzung und das Gründungsprotokoll benötigt. Zuvor hat der Verein noch die Aufgabe, die Unterschriften der sieben Gründungsmitglieder notariell beglaubigen zu lassen.

1.2 Ideale Rechtsform für neu gegründete Profisportvereine

Die meisten Idealvereine sind sog. „eingetragene Vereine (e.V.). Die wichtigsten weiteren Rechtsformen für Profispitzensportclubs sind die AG, die KGaA und die GmbH & Co KG. Die GbR oder die OHG sind ebenfalls existent, allerdings sind diese nicht so üblich wie die o.g. Rechtsformen. Die ersten vier werden nun genauer erläutert. Wichtige Aspekte sind hierbei die Finanzierungsmöglichkeiten und die Haftungsbeschränkungen der verschiedenen Rechtsformen.[5]

- **e.V.:** Wie schon in Kapitel 1.1 erwähnt wurde, muss eine Satzung beschlossen werden, die insbesondere den Zweck des Vereins

---

[4] Vgl. Wörle-Himmel (2010), S.159
[5] Vgl. Versandhaus Neumeyer-Abzeichen (2015)

beinhaltet, von mindestens sieben Personen unterschrieben wird und die im Vereinsregister eingetragen ist.[6] Der e.V. verfolgt keine wirtschaftlichen Zwecke. Der Vorstand vertritt den Verein.[7] Mitglieder leisten Mitgliedsbeiträge, wodurch nur geringfügige Beträge in den Verein fließen. Sollte es jemals einen Insolvenzfall geben, haften die Vorstandsmitglieder mit ihrem Privatvermögen.[8] Als Beispiele für diese Rechtsform können kleinere Bundesligavereine wie der 1.FSV Mainz 05 und der SC Freiburg genannt werden.

- **AG:** Bei einer AG verkauft der Verein Gesellschaftsanteile in Form von Aktien, um Eigenkapital aufnehmen zu können. Zudem besteht eine Emissionsfähigkeit. Der Aufsichtsrat, der von den Aktionären bestimmt wird, wählt den Vorstand. Der Verein muss daher die Mehrheit der Aktien in eigener Hand halten. Vereine wie bspw. der FC Bayern, die Eintracht Frankfurt oder der Hamburger SV sind Aktiengesellschaften.[9] Eine weitere Möglichkeit ist die Beteiligungsfinanzierung durch strategische Partner wie z.B. Audi, Allianz oder Adidas beim FC Bayern. Das Grundkapital muss mindestens 50.000 Euro betragen und die Haftung erstreckt sich auf das Vermögen der AG. [10]

- **KGaA:** Die KGaA ist „eine Gesellschaft mit eigener Rechtspersönlichkeit", eine juristische Person. „Sie besteht aus mindestens einem persönlich haftenden Gesellschafter (Komplementär), der den Gesellschaftsgläubigern unbeschränkt haftet und den Kommanditaktionären, die an dem in Aktien zerlegten Grundkapital beteiligt sind, ohne jedoch persönlich für die Gesellschaftsverbindlichkeiten zu haften. Dabei können auch Komplementäre Kommanditaktien zeichnen und somit zugleich Kommanditaktionär sein." Somit lässt sich erkennen, dass die KGaA eine Mischform zwischen Kommandit- und Aktiengesellschaft ist. Deshalb gelten die Vorschriften der Aufbringung und Erhaltung des Grundkapitals über die Aktiengesellschaft. Ebenso wie die AG muss der Mindestbetrag

---

[6] Vgl. Deutscher Bundestag (2008), S. 4
[7] Vgl. Deutsches Ehrenamt
[8] Vgl. Kern, Hass & Dworak (2002), S. 400
[9] Vgl. Tagesspiegel (2015)
[10] Vgl. Kern, Hass & Dworak (2002), S.401-402

50.000 Euro betragen. Die drei Organe der KGaA sind die persönlich haftenden Gesellschafter, der Aufsichtsrat und die Hauptversammlung der Kommanditaktionäre.[11] Hannover 96, FC Augsburg oder Borussia Dortmund sind jeweils eine GmbH & Co. KGaA.[12]

- **GmbH & Co. KG:** Hier handelt es sich um eine Mischform aus den Rechtsformen GmbH und KG. „Per Definition bleibt die GmbH & Co. KG allerdings eine Kommanditgesellschaft und damit eine Personengesellschaft." Bei der KG haftet normalerweise der Komplementär der Gesellschaft mit seinem Privatvermögen, aber da die GmbH & Co. KG keine Person ist, haftet natürlich die GmbH. Diese haftet unbeschränkt mit ihrem Gesellschaftsvermögen.[13] Die Stammeinlage beträgt mindestens 25.000 Euro. Wenn die Absicht besteht, die Anzahl der Investoren zu beschränken, gibt es keinen Börsengang und die GmbH ist für den Profisportverein eine geeignete Rechtsform.[14] Beispielsweise ist der VFL Wolfsburg eine GmbH und eine 100-prozentige Tochter der Volkswagen AG oder Bayer 04 Leverkusen die GmbH und die Bayer AG alleinige Gesellschafterin.[15]

Für Profisportvereine ist die Rechtsform e.V. im Vergleich zu den anderen Rechtsformen im Finanzierungsbereich klar ein Nachteil. Die betrachteten Kapitalgesellschaften haften jeweils beschränkt mit dem Gesellschaftsvermögen. Um die bestmögliche Kapitalaufnahme zu gewährleisten, eignen sich die AG und KGaA als ideale Rechtsformen. Die KGaA ist wegen der guten Möglichkeit zur Eigenkapitalaufnahme vorzuziehen, wobei die verbandsrechtliche Stimmverteilungsregelung beachtet werden muss. Im Gesamten ist die GmbH die sinnvollste Form, wenn der Kreis der Investoren reduziert werden soll.

---

[11] Vgl. Latta, S.6-7
[12] Vgl. Kicker
[13] Vgl. firma.de (2019)
[14] Vgl. Kern, Hass & Dworak (2002), S.402
[15] Vgl Kicker

1.3 Rechtsformwechsel von Profisportvereinen

Wie in Kapitel 1.2 dargestellt können die Fußballbundesligavereine als bestes und bekanntestes Beispiel für den Rechtsformwechsel im Profisport genannt werden. „Die Bundesliga ist nicht mehr ein Wettbewerb der Vereine, sondern auch einer der Rechtsformen." So kann bspw. die Lizenzspielerabteilung der Vereine in eine Kapitalgesellschaft ausgegliedert werden oder der komplette Verein umgewandelt werden. Die Ausgliederung der Lizenzspielerabteilug ist im Fußball die einzig sinnvolle Variante. Der DFB erlaubt den Vereinen nur eine Teilnahme an der Bundesliga, wenn sie die „50+1 Regel" beachten. Diese besagt, dass die Mannschaft ein e.V. sein muss und mindestens die Hälfte der Stammanteile plus einen weiteren Stimmanteil besitzen muss. Der e.V. bleibt bestehen, jedoch erhält er Anteile oder Gesellschaftsrechte an der Kapitalgesellschaft. Im Jahr 2014 traf es z. B. den Hamburger SV, oder den VFB Stuttgart mit derartigen Ausgliederungsvorhaben. Im Folgenden sollen die Vor- und Nachteile dieser Vorhaben aufgezeigt werden.

1.3.1 Vorteile

Ein Rechtsformwechsel zu einer Kapitalgesellschaft bringt im Profifußball hinsichtlich der Finanzierung mehrere Vorteile mit sich. „Sollte die Profiabteilung insolvent gehen, haftet beispielsweise nicht der Stammverein, der Breitensport kann wie gewohnt fortgeführt werden. Zudem lässt sich durch den Verkauf von Unternehmensanteilen Eigenkapital auf dem Kapitalmarkt beschaffen." [16] Logischerweise lässt sich auch Fremdkapital einfacher generieren. Obwohl sich Investoren beteiligen, leben alle Vereine noch von Zusammenhalt, Tradition und vor allem ihren Fans. Das zeigt, dass Investoren kein Patentrezept für Erfolg sind, sie aber einen Verein in eine wirtschaftlich höhere Ebene aufsteigen lassen können. Die deutsche Bundesliga will keine Zustände wie sie vergleichsweise in der englischen Premier League zu finden sind, wo geldgierige Investoren Einfluss nehmen auf eine Änderung der Vereinsmerkmale wie Vereinslogos, Vereinsfarben oder Clubwappen.

---

[16] Vgl Tagesspiegel (2015)

Abschließend ist noch festzustellen, dass bei einem eingetragenen Verein die Führung ehrenamtlich erfolgt. Sobald er in eine Kapitalgesellschaft umgewandelt worden ist, wird professionell und mit einem hohen wirtschaftlichen Streben gearbeitet. Trotzdem ist die Mitgliederversammlung immer noch als höchstes Vereinsgremium anzusehen und bestimmt über die Geschicke der Kapitalgesellschaft.[17]

1.3.2 Nachteile

Generell besteht die Gefahr einer stärkeren wirtschaftlichen Spreizung, wenn die Rechtsform eines Vereins hin zu einer Kapitalgesellschaft geändert wird und Investoren mit einsteigen. Bestes Beispiel hierfür ist der wirtschaftsstärkste Verein FC Bayern, der in der Saison 2016/17 in derselben Liga wie der SV Darmstadt spielte, jedoch etwa 15-mal so viel Umsatz erwirtschaftete wie dieser. Auf dem Platz messen sich beide Gegner elf gegen elf. Geld schießt keine Tore, aber das Duell entbehrt jeglicher Fairness, da der FC Bayern die teureren und besseren Spieler besitzt. Schlussendlich bedeutet dies, dass wirtschaftlich große Clubs einen stärkeren Anteilsverkauf haben und viel mehr davon profitieren können als kleinere Vereine. Dies führt zur „[…] Spreizung zwischen armen und reichen Clubs und einer Verstärkung der negativen Effekte des Rattenrennens."[18] Ein weiterer Nachteil ist, dass die Rentabilität eines Fußballclubs neben dem sportlichen Erfolg als konkurrierendes Ziel steht. Im e.V. ist der sportliche Erfolg im Regelfall die erste Priorität und die Rentabilität nur ein Nebenziel. Bei einer Kapitalgesellschaft hingegen muss die Beteiligung rentabel und anfangs sogar noch wichtiger sein als der sportliche Erfolg.[19]

---

[17] Vgl. Tagesspiegel (2015)
[18] Vgl. Leister – Fußballwirtschaft (2018)
[19] Vgl. Schewe (2012), S. 71-72

2 Aufgabe C2

2.1 Kunden einer Sportorganisation

Bevor erläutert wird, wer als Kunde einer Sportorganisation verstanden wird, muss geklärt werden, was eine Sportorganisation überhaupt ist. Grundsätzlich gliedert man diese in drei Kategorien:

1. Organisationen mit privat-erwerbswirtschaftlicher Trägerschaft – Sektor: Markt
2. Organisationen mit öffentlicher Trägerschaft – Öffentlicher Sektor
3. Organisation mit privat-freigemeinnütziger Trägerschaft – Dritter Sektor

Ein Träger ist eine Institution oder eine Person, die Personal und Sachmittel zur Verfügung stellt und somit das Handeln einer Organisation ermöglicht. [20]

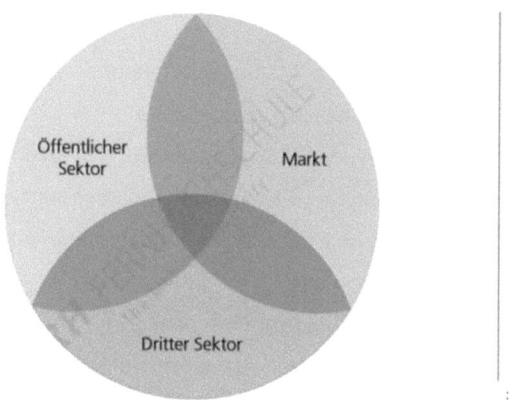

Abbildung 1: Drei Sektoren Modell

(Quelle: Eigene Darstellung an Anlehnung an SRH Fernhochschule-Sportorganisation, S.26)

Anschließend wird beschrieben, wer der Kunde im Sektor Markt, im Öffentlichen Sektor und im dritten Sektor ist.

---

[20] Vgl. SRH Fernhochschule (2016), S. 25-26

2.1.1 Kunden des Sektors Markt

Im Sektor Markt ist das Ziel der privat-erwerbswirtschaftlichen Organisationen der maximale Gewinn. In diesem Sektor sind die sogenannten „Forprofit" Unternehmen zu finden. Beispiele hierfür sind Fitnessstudios, Sportreiseveranstalter, Sportgerätehersteller, Sporteventveranstalter und ähnliche. Zu ihren Kunden zählen im Allgemeinen alle Menschen von jung bis alt, die Geld für Sportprodukte oder eine Sportdienstleistung ausgeben, weil sie Sport betreiben oder einen Sportartikel erwerben wollen. Aber auch Profisportvereine wie beispielsweise die Fußballbundesligavereine gehören zur „Forprofit" Organisation, weil sie neben dem sportlichen Erfolg auch den wirtschaftlichen Erfolg anstreben. Das Team mit den besten Spielern kann im Normalfall das beste Produkt (die beste „Show" oder das beste Spiel) liefern. Die Kunden des Zuschauersports sind sportbegeisterte Personen bzw. Fans, die gerne Sport anschauen und Geld für die Sportdienstleistung ausgeben.

2.1.2 Kunden des öffentlichen Sektors

Die Organisation der öffentlichen Trägerschaften hat Sportangebote, die von staatlichen Organisationen bereitgestellt werden. Entgeltliche Leistungsabgaben können die Wirtschaftssubjekte finanzieren. Öffentlich-rechtliche oder privat-rechtliche organisierte Unternehmen stehen mehrheitlich im Eigentum des Staates. Ziel ist nicht die Profitmaximierung, im Gegenteil, ihre Existenz soll der Gesellschaft zu Gute kommen. Es kommt auf die Trägerschaften an, welche Kunden diese besitzen. Ein paar Sportorganisationen und dessen Kunden werden nun aufgezählt:

- Sportschulen oder normale Schulen, die Sportunterricht anbieten und Kinder bis Teenager (Schüler) als Kunden haben.
- Öffentliche Schwimmbäder, welche von Familien oder Freunden besucht werden.
- Städtische Sporthallen stehen für Vereine (eigentlich privat-freigemeinnützige Sportorganisationen, Kapitel 2.1.3), Schulsport oder Sportfeste zur Verfügung

- Bei der Sportfördergruppe der Polizei/Bundeswehr handelt es sich bei den Kunden um die Angestellten der Polizei und Bundeswehr, also um Erwachsene und keine Kinder. [21]

2.1.3 Kunden des dritten Sektors

Dieser umschließt jegliche Organisation mit privat-freigemeinnütziger Trägerschaft, die sozusagen nicht öffentlich zugeordnet werden kann. Die Begriffsbestimmung „Nonprofit" wird hier deutlich. Wie bei dem öffentlichen Sektor ist die Gewinnmaximierung nicht das oberste Ziel. Der Unterschied liegt allerdings darin, dass nicht der Staat der Träger ist, sondern die Organisationen „[...] werden oftmals von gewählten Vertretern (Ehrenamtlichen) strategisch geführt und können durch freiwillige Helfer (Freiwillige) oder auch durch hauptamtliche Mitarbeitende in ihrer Arbeit unterstützt werden." Sportvereine (e.V.), Sportverbände oder gemeinnützige Kapitalgesellschaften bieten allen Menschen jeglichen Alters an, ein Mitglied zu werden und freiwillig diesen Organisationen sportlich zu helfen.[22]

2.2 Sportorganisation: Tölzer Eissport GmbH (Tölzer Löwen)

Die Profieishockeymannschaft der Tölzer Löwen, welche in der DEL2 (Deutsche Eishockey Liga 2) vertreten ist, wird als Praxisbeispiel einer Sportorganisation aufgeführt. Die Tölzer Löwen sind eine GmbH und haben in der Saison 19/20 den fünften Rang errungen.[23] Sie fallen unter den Sektor der privat-erwerbswirtschaftlichen Organisation und sind deshalb ein „Forprofit" Unternehmen.

---

[21] Vgl SRH Fernhochschule (2016), S. 27-29
[22] Vgl. SRH Fernhochschule (2016), S. 29-30
[23] Vgl. Del2 (2020)

2.2.1 Kunden der Tölzer Löwen

Die Kunden der Tölzer Löwen können in eishockeybegeisterte Zuschauer, sportinteressierte Personen, in „Fans" der Tölzer Löwen sowie in die „Fans" der Gegenmannschaft und in die Partner der Tölzer Löwen eingeteilt werden.

- *Eishockeybegeisterte Zuschauer* kann jede Person sein, die sich für den Eishockey Sport interessiert. Die Erwartung ist es, ein hochklassiges und attraktives Spiel der Lieblingssportart zu sehen, die Atmosphäre im Stadion zu genießen und sich mit Gleichgesinnten auszutauschen oder zu treffen. Hierbei muss man nicht Fan einer Mannschaft sein, sondern hauptsächlich der Sportart verbunden sein.

- *Sportinteressierte Personen* sind meist Personen, die selber Sport ausüben und gerne Sport anschauen. Selbst wenn man sich in der Sportart nicht so gut auskennt, will man das Sportevent besuchen. Die Tölzer Löwen sind deutschlandweit ein kleinerer Verein, aber in der Stadt und im Landkreis bieten sie die professionellste Sportveranstaltung an. Der Kunde möchte „entertained" werden und für sein Geld ein spannendes und unterhaltsames Sportevent erleben.

- *Fans* beider Mannschaften sind die Hauptkunden der Tölzer Löwen. Bei den Fans der eigenen Mannschaft können dies kleine Kinder sein, die eventuell auch in Nachwuchsmannschaften spielen, Erwachsene, die eishockeybegeistert und heimatverbunden sind, oder auch ältere Menschen, die seit mehreren Jahrzehnten mit den Tölzer Löwen verbunden sind und ins Stadion gehen, um die Mannschaft immer wieder aufs Neue anzufeuern. Zusätzlich sind auch die auswärtigen Fans eine wichtige Kundengruppe, denn je mehr gegnerische Fans ihre Mannschaft begleiten, desto mehr profitieren die Tölzer Löwen davon.

- *Die Partner der Tölzer Löwen* sind die Sponsoren und ehrenamtliche Helfer. Vor allem Sponsoren unterstützen den Verein wirtschaftlich, damit dieser seine sportlichen Ziele erreichen kann. Sponsoren müssen nicht immer den Weg ins Stadion finden, aber sie sind ein Partner des Vereins, hoffen auf Erfolg und gute Vermarktung. Sie sind neben den eigenen Fans mit die wichtigsten Kunden des professionellen Vereins.

Auch die ehrenamtlichen Helfer, die den Verein bei den Events unterstützen, sind eine wichtige Kundengruppe.

2.2.2 Maßnahmen des Kundenbeziehungsmanagements

Speziell bei kleineren Vereinen wie den Tölzer Löwen generieren die Zuschauer neben den Sponsoren einen großen Teil des Budgets. Es gibt drei Phasen des Kundenlebenszyklus, worauf sich das Hauptaugenmerk von gewinnmaximierenden Unternehmen bezieht. Neukundengewinnung, Kundenbindung und Kundenrückgewinnung.

Neukundengewinnung:. Mit der Kundenakquisition versuchen die Tölzer Löwen mit Marketing- und Verkaufsaktivitäten ihre Kundenzielgruppe anzusprechen. Akquisition setzt sich aus „Aktivität" und „Question" zusammen und bedeutet so viel wie „aktiv nachfragen".[24] Es gibt mehrere Instrumente um Kunden zu gewinnen, wovon die wichtigsten im Folgenden aufgezählt werden:

- *Mediawerbung*: Die Tölzer Löwen sollten in lokalen Zeitungen, Anzeigeblättern, Hör- und Kinowerbung und auf Plakaten für sich werben.
- *Messen/Präsentationen:* Vorträge, Angebotspräsentation oder Verkaufsgespräche. Am Tag der offenen Tür des Vereins wird Werbung gemacht und es werden Informationen zum Verein und dessen Angebot gegeben.
- *Aktionen/Rabatte/Sonderangebote:* Preisnachlässe oder saisonale Angebote für Tickets oder Dauerkarten, die Zusatzleistungen und Services beinhalten wie Freigetränke oder kostenlose Speisen.
- *Internet/Social Media:* Einer der wichtigsten Kanäle heutzutage ist das Internet. Hier kann sich der Interessierte auf der Homepage über alles informieren. Social Media Seiten der Tölzer Löwen sollten die Angebote genauso bewerben, indem sie mit lebhaften Fotos und Videos den Kunden ansprechen.[25]

---

[24] Engelhardt & Magerhans (2019), S.41-42
[25] Vgl. Bundesministerium für Wirtschaft und Energie

Kundenbindung: Bei diesem Punkt ist es ratsam, den Kunden weder zu binden noch zu fesseln. Man sollte ihn begeistern. Das wichtigste in einer Sportorganisation wie den Tölzer Löwen ist der sportliche Erfolg. Mehr Siege bringen mehr Freude und Spaß für den Kunden bzw. den Fan und die Wahrscheinlichkeit steigt, dass er zum nächsten Spiel wiederkommt. Sollte es eine Niederlagenserie geben, dann steht das Management vor der Herausforderung, den Kunden trotzdem zu halten. Durch Entertainment, das vor, nach dem Spiel und in den Drittelpausen angeboten wird, wie zum Beispiel Gewinnspiele, Werbeshows oder Nachwuchswerbung, kann das gesamte Sportevent wichtiger sein wie das Ergebnis des Spiels. Ziel des Managements ist es, aus dem reinen Eishockeyspiel ein Event für die Zuschauer zu machen und den Kunden ab Spielanfang bis zum Ende zu unterhalten. Des Weiteren sollten die Fans über die modernen Kommunikationsplattformen wie bspw. Newsletter, Social Media Beiträge, Facebook, Twitter, Instagram über aktuelle News informiert werden, um die Kundenbindung zu erhöhen. Eine Möglichkeit wäre es, die Spieler in die Kommunikation zu den Fans zu integrieren, indem Autogrammstunden oder Podiumsdiskussionen angeboten werden, um für die Fans die Nähe zu den Profis zu gewährleisten. Das wichtigste ist, den Kunden enger an den Verein zu binden und ihm von Spiel zu Spiel mehr Vertrauen in den Verein zu geben, um Spaß und Leidenschaft am Eishockey zu entwickeln.[26] Er sollte sich mit dem Verein identifizieren und sich als Teil dessen fühlen.

Kundenrückgewinnung: Häufig kann es durch Niederlagenserien oder Unzufriedenheiten der Fans dazu kommen, dass die Tölzer Löwen Kunden verlieren und diese sich nicht mehr mit dem Verein identifizieren. Deshalb ist eine wichtige Aufgabe des Managements, die „verlorenen" Fans wieder zurück zu gewinnen. Zuerst sollten die Verlustgründe analysiert werden, um anschließend bspw. mit einer ABC-Analyse die Wichtigkeit der Kunden zu erfassen. A-Kunden sind Sponsoren oder treue Fans mit Dauerkarten, die auch auf Auswärtsspielen die Mannschaft begleiten. B-Kunden sind Zuschauer, die zu jedem Heimspiel ins Stadion kommen und C-Kunden sind Zuschauer, die nur ab und zu den Weg ins Stadion finden. Ein geeignetes Mittel, um ehemalige

---

[26] Vgl. Engelhardt & Magerhans (2019), S. 72-82

Kunden wieder zu aktivieren, sind schriftliche Umfragen mit der Möglichkeit zu Verbesserungsvorschlägen. Eine weitere Strategie ist es, für Dauerkartenbesitzer Anreize zu schaffen, wie beispielsweise Rabatte, Sonderangebote, kostenlose Getränke und Speisen sowie Freikarten für Freunde, damit für diese der Gang ins Stadion wieder attraktiv wird.[27]

3 Aufgabe C3

3.1 Wandel von Managementherausforderungen in eingetragenen Sportvereinen

In den letzten 10 Jahren befindet sich die Sportlandschaft in einem Wandel, was auch für die Verantwortlichen in eingetragenen Sportvereinen Konsequenzen nach sich zieht. Ansichten, Erwartungen und Motive der Mitglieder von nichtkommerziellen Sportvereinen haben sich über die Generationen verändert und somit stehen die Manager vor neuen Herausforderungen. Die wichtigsten Challenges werden nachfolgend aufgezählt[28]- und deren Chancen und Risiken dargestellt.

Die **Konkurrenz kommerzieller Sportanbieter** wird gegenüber den Sportvereinen immer größer.[29] Nicht nur andere Vereine jeglicher Sportarten, sondern jede Form von sportlicher Betätigung wie z.B. Trendsportarten, Fitnesssport oder nur selbstgegründete Sporttreffs müssen für eingetragene Vereine als Bedrohung angesehen werden. Das beste Beispiel für Konkurrenz ist ein Fitnessstudio. Es zeichnet sich durch Flexibilität und ein breites Angebot an Gesundheits- und Fitnessmöglichkeiten aus, was eingetragene Sportvereine nicht leisten können. Durch die steigende Komplexität in Sportvereinen kann das Risiko entstehen, dass es weniger Vereinsmitglieder gibt und weniger Sport

---

[27] Vgl. Engelhardt & Magerhans (2019), S. 95-103
[28] Vgl. Lsvs (2020)
[29] Vgl. Lsvs (2020)

betrieben wird. Aus diesem Grunde ist es angebracht, mit modernen Angeboten, Veränderungen im Sportverhalten und flexibleren Trainingszeiten wieder neue Personen für den Verein zu akquirieren. [30]

Sportvereine in Deutschland werden in ihrem Handeln von den Auswirkungen der **demographischen Entwicklung** beeinflusst. Grund hierfür ist zum einen die Fertilitätsrate (Kinder pro Frau), welche von Jahr zu Jahr sinkt und zum anderen die zunehmende Anzahl der alten Menschen. Des Weiteren gibt es immer mehr Ehen, die geschieden werden.[31] Durch diese Auswirkungen steht der Erwachsene von heute veränderten Anforderungen gegenüber was die Betreuung der Kinder und seine Freizeiteinteilung, die von der beruflichen Laufbahn abhängt, betrifft. Der Verein ist gezwungen, sich auf diese veränderten Gegebenheiten einzustellen, andernfalls besteht das Risiko, dass den Mitgliedern Zeit und Motivation fehlen, um im Verein weiterhin aktiv zu bleiben und sich bei den Vereinsangelegenheiten einzubringen. Eine Chance hierbei ist bspw. ältere Personen durch kluge und moderne Angebote zu gewinnen, da diese das Bedürfnis haben, sich fit zu halten, in sozialen Kontakten engagiert zu bleiben und am gesellschaftlichen Leben weiterhin teilzunehmen. Ein weiterer Vorteil der älteren Bevölkerungsgruppe ist die Erfahrung, welche sie bei freiwilliger und ehrenamtlicher Bereitschaft mitgeben können.[32] Speziell bei Sportvereinen aber auch bei kirchlichen Einrichtungen und Hilfsorganisationen wurden 2018 von den gezählten 70,45 Millionen Personen 11,73 Millionen zu der Gruppe der Ehrenamtlichen gezählt. Die Mehrheit dieser Gruppe ist über 50 Jahre alt und knapp ein Viertel ist 70 Jahre oder älter.[33]

Die **Digitalisierung** ist heutzutage wohl einer der größten Herausforderungen im Management. In den letzten 10 Jahren gab es einen enormen Wandel in dieser Hinsicht, „[…]sowohl auf individueller Ebene, auf welcher E-Mails, Internet und Social Media nicht mehr wegzudenkende Bestandteile unseres Alltags geworden sind, als auch im Kontext von Organisationen, in denen Mitarbeiter via Intranet und Videokonferenzen miteinander kommunizieren. Der

---

[30] Vgl. Fink (2020), S.66
[31] Vgl. Breuer & Haase (2006), S. 3-7
[32] Vgl. Bölz (2015), S. 76-77
[33] Vgl. Statista (2020)

Kontakt zu Kunden erfolgt über Websites und Entscheidungen werden auf der Basis von Algorithmen getroffen. Dabei beeinflussen digitale Technologien die Organisationsumwelt zum Teil erheblich und verändern die Rahmenbedingungen der jeweiligen Leistungserstellung und die damit verbundenen Managementmöglichkeiten in den Organisationen."[34] Nicht nur mehr Zielgruppen sollen erreicht werden, bei denen klassische Werbemaßnahmen vorbei gehen, sondern auch die Vereine sollen die internen Prozesse nach und nach umstellen. Somit kann das analoge Vereinsmanagement durch die digitalen Technologien vereinfacht und beschleunigt werden und die gesamte interne und externe Kommunikation sowie Verwaltung muss nicht mehr mit Stift und Papier von statten gehen, sondern neue Wege und Möglichkeiten der digitalen Welt öffnen sich für die Vereine. Neue Chancen sind vor allem bei kleineren Vereinen zu erkennen, neue engagierte Menschen für sich zu gewinnen. Denn diese Sportvereine sollten durch die Digitalisierung ihr Image stärken und zukünftig auch für Mitglieder attraktiv bleiben und sich von den kommerziellen Anbietern im Sport abheben. Die Neuerungen betreffen weitere Bereiche, wie z.B. intelligente Sportstätten oder Vereinsheime, die man mit WLAN ausstattet oder energieeffiziente Heiz- und Beleuchtungssysteme, die Stromkosten sparen. Des Weiteren empfiehlt es sich, in leistungssportlich ambitionierten Sportvereinen Gesundheitsdaten mittels digitaler Technologien (z.B. Sportuhren) zu erheben, welche dann zur systematischen Leistungssteigerung vom Trainer genutzt werden können.[35] Eine Herausforderung der Digitalisierung ist, dass die Datensicherheit gewährleistet werden muss. Wenn dies nicht der Fall ist, besteht das Risiko eines Vertrauensverlustes seitens der Mitglieder oder eine Rufschädigung des Sportvereins. Daher ist es wichtig, Personal zur Verfügung zu haben, das hinsichtlich der Technologien und der Datensicherheit speziell geschult ist. Generell ist festzustellen, dass das Management früher oder später diesen Weg der Digitalisierung einschlagen muss, denn ohne Anpassung an diese Kommunikationsverhältnisse erscheint ein Fortbestehen der Vereine mittelfristig bedroht.

---

[34] Vgl Daumann & Römmelt (2010), S. 21-22
[35] Vgl. ksb

3.2 Kundenbeziehungsmanagement beim EC Bad Tölz

Die Sportorganisation Tölzer Löwen (Kapitel 2.2) ist wie oben genannt eine GmbH und ein Forprofit-Unternehmen und soz. die „Seniorenmannschaft" des EC Bad Tölz. Der EC Bad Tölz ist jedoch ein eingetragener Verein und beherbergt die Nachwuchsmannschaften angefangen von der U7/Lauflernschule bis hin zur U20 Junioren Mannschaft. Desweitern besitzt der ECT eine Altherren Mannschaft und eine Damen Mannschaft.[36] Alle Mitglieder und Vereinsspieler des ECT sind automatisch Kunden, was ein Charakteristikum von Nonprofit-Mitgliedschaftsorganisationen ist. Die Führung des Vereins obliegt hauptberuflich dem Manager, dessen enorm wichtige Aufgabe das Kundenbeziehungsmanagement ist.

Als Erstes stellt sich die Frage, welche Maßnahmen der ECT ergreift, um überhaupt Kunden bzw. Mitglieder für den Verein anzuwerben. Viele Kinder sind sportbegeistert und der Wunsch der Eltern ist es, dass ihre Kinder ein sportliches Hobby verfolgen. Deshalb bietet es sich an, in Schulen und Kindergärten Flyer für Schnuppertage oder Informationsabende auszulegen. oder einen Tag der offenen Tür zu organisieren, um die interessierten Kinder und Eltern anzusprechen. Auch hier bietet sich Social Media als eine große Plattform an, in der Werbung gemacht werden kann. „Die nachfolgenden Beispiele für drei mögliche Zugänge zum Verständnis von Mitgliedermanagement sollen dies verdeutlichen."

- „Jegliche Auseinandersetzung mit Mitgliedern berührt die konstitutionelle Grundlage eines Vereins, denn ohne Mitglieder wird die Organisation obsolet." Deshalb verlangt Mitgliedermanagement strategische Entscheidungen, bspw. im Sinne des Stakeholder-Ansatzes und kann durchaus im strategischen Management angesiedelt werden. Es stellen sich die Fragen: Wofür steht der ECT, welche Anspruchsgruppen können, sollen und müssen berücksichtigt werden und welche Interessen lassen sich mit dem Organisationszweck in Einklang bringen?

---

[36] Vgl. Ec Bad Tölz (2020)

- Mitgliedermanagement ähnelt in vielen Situationen dem Personalmanagement. Beispielsweise ist Freiwilligenmanagement verschiedentlich ein wichtiger Erfolgsfaktor für Nonprofit-Organisationen, aber auch gleichzeitig mit vielen Schwierigkeiten und Herausforderungen verbunden. Beim EC Bad Tölz können z.B. die Eltern als freiwillige Helfer angesehen werden, da diese ihre Kinder zu Trainingseinheiten fahren, zu Spielen begleiten, Versorgungsmittel wie Wasserflaschen und Lebensmittel für die Kinder bereitstellen, kleine Kinder beim An- und Ausziehen ihrer Ausrüstung helfen usw. Wichtig dabei ist auch die Mitarbeiter- und Freiwilligenmotivation. Wie schafft es der Verein, die Kinder oder die freiwilligen Helfer zu motivieren?

- Mitglieder sind wie schon erwähnt auch Kunden. Dies macht sie zu einem Betrachtungsgegenstand des Marketings. Wichtig ist, welche Produkte oder Dienstleistungen der ECT zu welchem Preis (Jahresbeitrag) anbietet. Denn nicht jeder kann sich Eishockey leisten. Tölz verlangt einen Jahresbeitrag der neben der Ausrüstung von den Eltern getragen werden muss. Mit Hilfe kleinerer Fremdsponsoren, die vom Management akquiriert werden müssen, können zum Beispiel Teile der Ausrüstung, Fahrtkosten und Verpflegung vom Verein übernommen werden. Damit kommt es zu einer Entlastung der Kosten der Eltern. Des Weiteren werden Auswärtsfahrten mit Bussen des Vereins organisiert und die Eltern brauchen keinen Aufwand betreiben und die Kinder selber fahren.[37] Der ECT versucht seinen Kunden bestmöglich entgegenzukommen und sie zu binden.

Wie beschrieben kann das Management durch verschiedene Maßnahmen die Kundenbeziehung gegenüber den Mitgliedern und den freiwilligen Helfern aufbauen und intensivieren.

---

[37] Vgl. Rupp (2015), S. 21-23

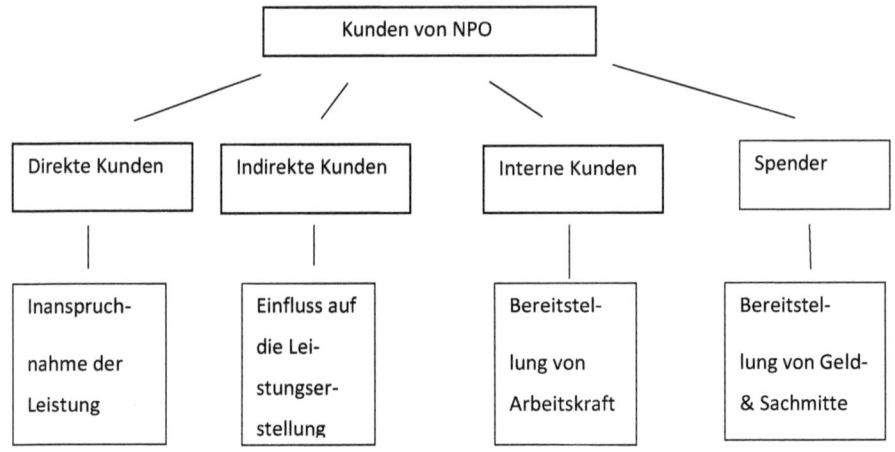

Abbildung 2: Kunden von Non-Profit Organisationen

(Quelle: eigene Darstellung in Anlehnung an Rupp 2015)

Abbildung 2 verdeutlicht nochmal die Beziehungen im Verein. Die direkten Kunden des ECT sind die Nachwuchsspieler, indirekte Kunden sind Trainer und Auszubildende, interne Kunden sind Helfer wie z.b. die Eltern und freiwillige Betreuer und Spender sind kleine Sponsoren, die den Verein mit Geld- oder Sachmitteln unterstützen.

3.2.1 Veränderungsmöglichkeiten

Eine Veränderungsmöglichkeit, die ich als Manager im Kundenbeziehungsmanagement des EC Bad Tölz umsetzen würde, ist, mit mehr Sponsorengelder der ersten Mannschaft den Nachwuchs zu fördern. Auf der einen Seite ist Eishockey eine sehr teure Sportart, da die Ausrüstung eines Eishockeyspielers sehr viel beinhaltet wie z.B. Helm, Handschuhe, Hose, Brustschutz, Schienbeinschoner, Schlittschuhe, Schläger etc.[38] , was zu hohen Kosten führt. Die Eltern, die Finanzierungsschwierigkeiten haben, können sich das nicht leisten und müssen ihre Kinder zu anderen Sportarten schicken wie

---

[38] Vgl. hocke-dealer

bspw. Fußball, bei dem man nur Schuhe, Schienbeinschoner und einen Ball benötigt. Mit einem kleinen Teil der Sponsorengelder würde ich Ausrüstungsgegenstände kaufen, die sich Kinder, deren Eltern Geldschwierigkeiten haben, ausleihen können, wodurch mehr Kinder zum Eishockeyverein kommen würden. Je mehr aktive Mitglieder der Verein verbuchen kann, desto mehr Eishockeybegeisterte wird es geben und diese Gruppe beeinflusst ihr soziales Umfeld entsprechend. Somit bietet sich die Chance, noch mehr aktive Mitglieder zu gewinnen, die sich wiederum zu Fans der Seniorenmannschaft entwickeln können und ins Stadion gehen, was automatisch die Zuschauerzahlen und die Umsätze steigert. Es würde somit eine Win-Win Situation entstehen und der Verein kann langfristig mit hohen Zahlen an Mitgliedern und Fans rechnen. Eine Schwierigkeit könnte sich allerdings ergeben, wenn es um die Entscheidung geht, welche Kinder mit Leihmaterial unterstützt werden und welche nicht. Es sollte nicht zur Benachteiligung anderer Kinder kommen, deren Eltern sich diesen Sport leisten können. Auf der anderen Seite würde ich auch versuchen, finanzielle Mittel für die Beschäftigung Externer frei zu machen. Denn ehrenamtliche Funktionsträger, Übungsleiter, Trainer, Schieds- und Kampfrichter sind alles Mitglieder. Somit wird innerhalb der Mitgliederbasis rekrutiert und der Verein ist viel zu abhängig vom Mitgliedermanagement. Diese Abhängigkeit, vor allem auf der ehrenamtlichen Trainerposition, könnte dazu führen, dass Trainer schnell wieder abspringen und so die ganze Mannschaft zerfällt. Um dem entgegen zu wirken, würde ich versuchen, einen externen Nachwuchstrainer zu akquirieren und diesen finanziell zu unterstützen. Dadurch ergibt sich die Chance, dass es zu weniger Mitgliederverlusten kommt, wenn der Trainer abspringt, da man extern einen neuen suchen kann. Somit kann man den internen Schaden minimieren, die Mannschaftsauflösung und das Abspringen der Mitglieder verhindern.[39] Das Risiko hierbei ist die finanzielle Belastung, die Dauer der Einarbeitung des Trainers und die mangelnde Identifizierung mit dem Verein.

Eine weitere Maßnahme, die ich im ECT vornehmen würde, wäre eine angeregte Zielgruppensegmentierung. In der Praxis werden die Mannschaften des EC Bad Tölz nach Altersstufen eingeteilt und es gibt in einigen Jahrgängen

---

[39] Vgl. Rupp (2015), S. 19-20

sogar zwei Mannschaften (z.B. U20 DNL und U20 Junioren[40]). Grundsätzlich muss hier unterschieden werden, welche Kinder bzw. Jugendlichen in den Leistungssport einsteigen möchten und welche im Bereich des Hobbysports Eishockey spielen möchten. Die Gruppe der Leistungssportler, die zwischen 17 und 20 Jahre alt ist, spielt offiziell in der deutschen Nachwuchsliga und die Anforderungen an ihre Leistungen sind demensprechend viel weiter oben anzusetzen (U20 DNL). Dem gegenüber steht die Gruppe der Jugendlichen, die entweder aus Spaß Eishockey spielen und nicht leistungsmäßig in den Sport einsteigen, weil sie aufgrund von Schule, Ausbildung oder Studium nicht die Zeit dazu haben (U20 Junioren). Aus diesem Grunde würde ich mich auf eine spezielle Förderung der U20 DNL konzentrieren. Dies würde dazu beitragen, dass sich die jungen Spieler besser entwickeln könnten (bis hin zum Profiniveau), was wiederum den persönlichen und mannschaftlichen Erfolg garantieren und das gesamte Image des Vereins erheblich steigern könnte[41]. Diese Spieler wären so qualifiziert, dass sie auch in der ersten Profimannschaft mit eingesetzt werden könnten und der Kader der ersten Mannschaft könnte somit preiswert und unkompliziert erweitert werden. Im Falle von verletzten Stammspielern, kämen diese jungen, günstigen Spieler einfach zum Einsatz und würden somit auch Spielpraxis in der von ihnen angestrebten Profimannschaft erhalten. Das Risiko dabei ist, dass der Fokus nur auf der U20 DNL Mannschaft liegt, und die leistungsschwächere Mannschaft (U20 Junioren) weniger Unterstützung vom Verein erhält. Das birgt die Gefahr in sich, dass diese jungen erwachsenen Sportler auch aufgrund anderer Interessen in diesem Alter mit diesem Mannschaftssport komplett aufhören und es schwierig ist, überhaupt eine zweite U20 Mannschaft aufrechtzuerhalten.

---

[40] Vgl. Tölzer Eissport
[41] Vgl. Rupp (2015), S. 33

Literaturverzeichnis

Blancke, L. (2015), NWZ online, Zugriff am 10.04.2020, Verfügbar unter https://www.nwzonline.de/werder-bremen/oldenburg-pro-und-contra-ist-die-50-1-regel-gut-fuer-den-deutschen-fussball_a_50,1,750896548.html

Bölz, M. (2015), Sport- und Vereinsmanagement. Stuttgart

Breuer, C., Haase, A. (2006).Sportentwicklungsbericht - Sportvereine und demographischer Wandel, Köln

Bundesministerium für Wirtschaft und Energie – Wie kann man Kunden gewinnen?. Zugriff am 16.04.2020, Verfügbar unter https://www.existenzgruender.de/SharedDocs/Downloads/DE/Checklisten-Uebersichten/Marketing/08_uebersicht-Wie-kann-man-Kunden-gewinnen.pdf?__blob=publicationFile

Daumann, Prof. Dr. F., Römmelt, Prof. Dr. B. (2010), Sciamus-Sport und Management. Döhlau

DEL2-tabelle (2020), Zugriff am 14.04.2020, Verfügbar unter https://www.del-2.org/liga/tabelle/117/

Deutsches Ehrenamt- e.V., Zugriff am 05.04.2020, Verfügbar unter https://deutsches-ehrenamt.de/verein-gruenden/eingetragener-verein/

Deutscher Bundestag-Profisport in Deutschland (2008), Zugriff am 05.04.2020, Verfügbar unter https://www.bundestag.de/resource/blob/413496/928af3faf56784a1796506cc38130630/WD-10-006-08-pdf-data.pdf

EC Bad Tölz – Nachwuchs (2020). Zugriff am 30.04.2020, Verfügbar unter https://toelzer-eissport.de/#

Engelhardt, J.-F., Magerhans, A. (2019), eCommerce klipp & klar, Wiesbaden

Fink, N. (2020). Strategische Entwicklung von Sportvereinen. Wiesbaden

Firma.de – Was ist eine GmbHH & Co. KG?, Zugriff am 07.04.2020, Verfügbar unter https://www.firma.de/firmengruendung/was-ist-eine-gmbh-co-kg/

Hockey-dealer, Eishockey Shop, Zugriff am 03.05.2020, Verfügbar unter
https://www.hockey-dealer.de/Eishockey-Shop

Geckle, G. (2000). Mein Verein-Perfekt organisiert und erfolgreich geführt.
(1.Aufl.). Planegg

Kern, M., Hass, O., Dworak, A. (2002), Finanzierungsmöglichkeiten für die
Fußball-Bundesliga und andere Profisportligen.

Kicker-AG? e. V.? Die 18 Bundesligisten und ihre Kapitalanteile, Zugriff am
10.04.2020, Verfügbar unter https://www.kicker.de/718223/slideshow

Ksb-Digitalisierung im Sportverein. Zugriff am 27.04.2020, Verfügbar unter
https://www.ksb-ll.de/digitalisierung-im-sportverein/

Latta, D. Die Ausgliederung einer Lizenzspielerabteilung in eine GmbH & Co
KGaA, Universität Bayreuth

Leister, R. (2018), Fußballwirtschaft, Zugriff am 10.04.2020, Verfügbar unter
https://fussballwirtschaft.de/50-plus-

LSVS-Die Sportlandschaft im Wandel (2020), Zugriff am 20.04.2020, Verfügbar
unter https://www.lsvs.de/vereinsservice/ehrenamt-im-
sportverein/herausforderungen-fuer-vereine.html

Pfeffer, W.& Röcken, M. (2016), Vereine gründen und erfolgreich führen. (13.
Aufl.). Drehfal/Bonn

Rupp, C., (2015). Wertbasiertes Mitgliedermanagement in Sportvereinen,
Mannheim

Schewe, G. (2012), Der Fußball-Verein als Kapitalgesellschaft, Schorndorf

SRH Fernhochschule (2016), Sportorganisation. (3. Aufl.). Riedlingen

Statista (2020). Ehrenamtliche Tätigkeit bis 2019. Zugriff am 22.04.2019,
Verfügbar unter
https://de.statista.com/statistik/daten/studie/173632/umfrage/verbreitung-
ehrenamtlicher-arbeit/

Tagesspiegel-In welchen Rechtsformen organisieren sich die Bundesliga-Vereine? (2015), Zugriff am 05.04.2020, Verfügbar unter https://www.tagesspiegel.de/sport/501-regelung-in-welchen-rechtsformen-organisieren-sich-die-bundesliga-vereine/12236362.html

Tölzer Eissport- Nachwuchs (2020). Zugriff am 04.05.2020, Verfügbar unter https://toelzer-eissport.de/

Versandhaus Neumeyer-Abzeichen (2015), Zugriff am 05.04.2020, Verfügbar unter https://www.neumeyer-abzeichen.de/blog/die-gruendung-eines-eigenen-vereins-welche-rechtsformen-sind-moeglich/

Wörle Himmel, C. (2010), Vereine gründen und erfolgreich führen (12. Aufl.). München